낭만

최이현 김해을 이휘 임하은 김하진
김낙원 민 손가은 정민섭 김채은 한이제
김연우 김연수 서은우 김동민 양채윤
류하임 혜민 미정 재우예지 임희주
천준호 도시 민윤지 서예빈 은율 김규원
박예주 정원 오해인 손가은 원경 최웅혜
일람 하준 윤하임 김채민 최유정 해파리
신제하 이가원 이지구 오지유 황예빈 김환

이 페이지에 오늘의 꽃잎을 보관하세요

2025년 6월

I

사이 최이현	13
폴라로이드와 물고기자리 김해을	14
낭만에게 근조 화환을 이휘	16
필담 임하은	18
낭만을 양말 서랍에 넣은 일 김하진	20
유월의 밤 김낙원	22
미성년 민	24
어떤 종말 손가은	26
시차 정민섭	28
소꿉놀이를 그만두는 연습 김채은	30
유월의 오리온 한이제	32
여름의 곡선 김연우	34
물먹은 왈츠를 추자 김연수	36
흰 기포 10시간 서은우	38
신선한 여름 김동민	39
낭만, 나만 양채윤	42
파란 버튼 류하임	44

하트 프랙쳐 혜민	46
僕たちはそれをロマンと呼んだので 미정	48
그냥 주고 싶었어 재	50
영원한 동그라미를 엮는 마음으로 우예지	53
낭만하다 임희주	56
시시한 세계의 심장에서 천준호	59
탐험가의 직업병 도시	62
손끝 로망 민윤지	64
푸른 바다 문진 서예빈	67
갑자기 내린 눈에 우산을 들어야 하나요 은율	70
13월엔 초를 불어라 김규원	72
기한 실조 박예주	74

II

굳이 정원	77
이방인 오해인	78

찾았다! 낭만 손가은2　　　　　　　　　80

받아, 바다야 원경　　　　　　　　　82

네온 최웅　　　　　　　　　　　　　84

불가항력 혜　　　　　　　　　　　　86

멸종위기종 보고서 일람　　　　　　87

스노볼 햄토리 하준　　　　　　　　88

강아지가 마신 하늘 윤하임　　　　　90

노란 오후의 소파 김채민　　　　　　92

1 최유정　　　　　　　　　　　　　95

머물렀던 그리운 것들 해파리　　　　98

사람답게 사는 법 신제하　　　　　　100

빨강의 기원 이가원　　　　　　　　102

메리배드엔딩 이지구　　　　　　　　104

구원 오지유　　　　　　　　　　　　106

도서 연체 안내 황예빈　　　　　　　108

슈팅스타 김환　　　　　　　　　　　110

113

○ 작가명은 작품 첫 장의 쪽 번호 옆에 표기하였습니다.

I

사이

음악과 음악 사이
흩어지는 네 숨결을 봐

희뿌연 하늘 틈으로
선형의 빛이 새어 나오듯
침묵을 견뎌낸 너와 나
그 위로 안개가 내려앉더라도
잔잔한 웃음소리가 들려와

삶과 죽음을 떠올릴 때도
따뜻한 체온이 발산하는 향기
마주 닿지 않더라도
우리가 존재함을 알아

그럭저럭의 평화

언젠가 멸망할 세계라도
네가 내 손을 잡은 순간
그 순간이
나에겐 영원이 되었어

폴라로이드와 물고기자리

 너를 찾아가는 방식으로 사랑했지 네가 다니는 길목엔 나의 자리가 있었고 유독 가로등이 밝은 자리 거기 서면 별을 볼 수는 없었다 보도블록 칠이 벗겨진 것도 같다 피곤하다길래 샀어 너의 학교 앞에서 내미는 박카스 오래 들고 있어서 좀 미지근해졌네 이해해 줘

 가끔 너는 울었다 슬프지는 않고 박카스가 감동이라고 했다 우리는 많은 것을 지어내거나 지워가며 만났고 진실에 대해 묻지 않는 것은 암묵적 예의였잖아 이를테면 내가 비타오백이 천이백 원이라 천 원짜리 박카스를 사 왔다는 사실이나 그날 저녁에 별이 하나도 안 보였다는 거 그래도 우리는 별자리 얘기를 했다

 넌 삼월생이어서 물고기자리고 난 칠월생이라 게자리 우리 언젠가 여행 가면 별 보이는 바다로 가자 폴라로이드를 잔뜩 찍어서 앨범을 만들자 팔을 한 짝씩 엮어서 내리막길을 걸었다 가슴께에서 심장이 뛰었는데 당연한 걸 갖다가 설렌다고 착각했다 그런 얘기를 할 때 우리에겐 카메라가 한 대도 없었다

안 보이는 별 얘기를 하고 카메라가 있는 것처럼 굴었다 우리는 자주 눈을 마주쳤고 알고 싶지 않아도 알게 되는 것이 있었다 너도 나도 눈이 튀어나오지 않는데 눈가에 그림자가 짙었지 우리가 서로의 고민을 모르면서 알았던 것은 말하기 전에 가슴을 갈라 보여줬기 때문이지

우리 사랑은 다소 가짜였다 알면서 겁 없이 사랑한다고 했다 모르는 척 다 만들어내서 사랑하는 것도 사랑이 될 수 있었다 네가 생각만큼 나를 들여다보지는 않았고 나는 기대만큼 널 알지는 못하지 그래도 너의 별자리를 기억하고 폴라로이드를 사면 네가 뭘 찍을지 그릴 수 있고 나는 너의 학교 앞에 의도치 않게 데워진 박카스를 들고 너를 또 울린다

낭만에게 근조 화환을

다시 얼려도 소용없는 녹은 팥빙수처럼 우리는 그릇에 힘없이 섞여 담겼다 좋은 토핑과 나쁜 토핑이 섞여 조금 엉망진창이 됐다 어깨 너머로 기웃거리던 모든 희망은 그대로 풀이 죽었다

무엇을 잊지 못해 우리는 아직 서로 증명 당하려는 걸까 무엇을 타협하지 못해 헛것과 씨름했나 그해의 사랑과 낭만은 완전히 숨이 멎었을까 확실하게 죽은 게 맞는지 확인하지 않고 관 뚜껑을 덮은 것만 같다 흰 장갑이 팽팽해지도록 주먹을 꽉 쥐고 말한다 잘 가 제발 가

미련을 잔뜩 묻힌 채 구겨진 휴지들이 함께 묻힌다 자세히 들여다보면 목련의 꽃잎이다 보호자도 없이 흙으로 채워지는 슬픔을 꼭 모레까지만 구경하기로 다짐한다 비밀들이 새어 나오지 않도록 몰래 발로 두 번 눌렀다 눈치 없이 자라나는 기대들은 내년쯤 깎아내도 좋을 것이다

소원을 적어내듯 무작정 쓴 글귀만이 화환 옆에 가지런히 남았다 입술을 열어 조용히 읽어 본다

다시는 한 곳에 담길 수 없도록
뚜껑을 반드시 잘 닫아주세요

필담

말로 하기엔 낯간지러운 말들을
꾹꾹 눌러 담아서
말투처럼 궁굴리고
비밀처럼 조용히

모두가 알지만 알지 못하고
모두 말할 수 있지만 입을 열지 않는
전부 다른 손인데 모두 같은 이야기를 만들어내는 게
어쩐지 한 시대의 흥망 같기도 한데
나는 기록으로 남은 시대를 배워

공책 하나를 다 찢을 때까지
교과서 귀퉁이가 남아나지 않을 때까지
찢어진 공간에 소리 없는 웃음을 채워 넣으면서

졸려 배고파 오늘 뭐 나오는지 알아?
언젠가 우리가 어른스러워지면 그때 같이 여행 가자. 영국에 가서 빅벤을 보고 맛없는 나라의 자랑거리인 피쉬 앤 칩스도 먹자. 그리고, 그리고 또, 우리……

지켜지지 않을 걸 알고 있었는데
공책을 찢은 건, 글로 너를 새긴 건
사실은 더러워지고 싶었어

말로 하기엔 낯간지러운 말들을 꾹꾹 눌러 담아서
말투처럼 궁굴리고 비밀처럼 조용히
세상에서 가장 빠른 편지를
너에게

낭만을 양말 서랍에 넣은 일

때 타고 보풀 난 헌 양말 사이 티 없이 빼어난 새 양말을 집어 들었다가
한 켤레가 아니라 한 짝뿐인 걸 깨닫고 실망하다가
그것이 양말 아닌 낭만이란 걸 깨달았지
무슨 정신으로 낭만을 양말 서랍에 넣었을까 싶으면서도
양말이든 낭만이든 그게 뭐든 어디든 보관할 곳이 필요해 그랬겠거니 싶어

저 홀로 보송하고 납작한 한 짝짜리 낭만을 손에 꿰고서
귀찮은 애인처럼 달래는 일
—양말과 닮아 그랬어
음, 대체 어떤 부분이 그러냐 묻는다면 말이지
너를 신으면 이 세상 한 겹 위에 선 기분이 들어
날씨 좋은 날 좋은 곳에 갈 때면 두 발을 네게 꿰고 걷잖아
물론이야, 서랍 속 양말들보다 훨씬 낫지
발목 늘어남 없는 탄력이 네 자랑이잖아
하지만 너무 꼭 맞아 답답할 때가 있어
우리 잠깐 떨어져 있는 게 어떨까? 권태기인 거 같아, 세탁기에 좀 다녀와 봐

네가 그럴 때면 나는 수족냉증처럼 뜨거운 동시에 차가워지고
　다한증 환자처럼 땀을 쏟아내고 나뿐만 아니라 너까지 축축해지고
　고린내가 나, 우리 관계에선 고린내가 난다고

　내가 양말과 낭만을 구분하지 못하는 건 둘 다 곧잘 짝을 잃기 때문인데
　한 짝짜리 낭만이 말하기를
　그가 한 짝만 남은 건 내가 양말과 낭만도 구분하지 못했기 때문이래

유월의 밤

비 그친 새벽 첫차를 향해 달리며 우리가 첨벙했던 건 뭐였어?
아이들은 달릴 때 이유 없이 웃음이 난다는데 우리는 웃었어 울었어?

너는 흔해 빠졌지만 아무도 해주지 않는 말이 되고
나는 하염없어진 채

천장 속 이름과 싸우던 밤들로부터 우리를 지켜준 24시 국숫집
헐렁한 국물 속 몇 가닥 면과 넓적한 어묵 두 개

네모난 어묵을 가만 보고 있으면 네모난 어묵이고
한 귀퉁이를 잡고 달리면 바람을 나누는 연이 돼

시답잖고 하찮은 농담으로 무장한 채
흔해 빠졌지만 아무도 뱉지 않는 비밀을 서로 지켜주었지

하염없어질 땐 네모난 것을 들고 젖은 들판을 달려
초록빛 냄새가 배도록 여름밤을 껴안아

밤새 멸종 위기에 처한 단어들을 구해내고 나면
하염없던 나는 비로소 내 이름을 사랑하게 된다

미성년

낭만이 뭐라고 생각해?

하늘에 빛나고 있는 건 전부 사랑해 버리던 나와 달리 저건 별이 아니라 화성이야 짚어주던 네가 퍽 애틋한 물음을 건넸을 때 나는 무심결에 내 앞에서 빛나는 너를 떠올렸고

낭만이라는 건 참 모호한 것 같다고 생각하며 네 눈동자를 봤을 때 나는 우주가 이런 모습이겠구나 짐작했어 그 뒤로 난 하늘 대신 너의 눈을 보며 널 전부 사랑할 작정이었는데

유월의 여름은 꽤 풋풋했고 초저녁의 너는 가끔 생각에 잠긴 듯했으며 나는 그런 너를 볼 때마다 종종 울고 싶었다 이런 것도 낭만이라 부를 수 있을까

낭만은 영어로 로맨스래 하복 셔츠를 만지작거리던 네 손이 멈췄고 은하수가 담긴 네 눈에 내 형체가 겹치는 순간 나는 숨 쉬는 법을 까먹어 세상이 빙글빙글 하늘이 땅이 되고 땅 위의 네가 내가 사랑한 하늘이 되고 위태롭게 너의 우주에 도착한 그때

청춘과 낭만이 세트로 붙어 다니는 건 이유가 있구나 문득 그런 생각을 했어 그럼 우리의 열아홉 청춘을 낭만이라고 부르는 건 어때

 그제야 낭만은 이런 거구나 깨달았고 네 머리카락이 내 앞머리와 엉키며 섬유유연제 향과 시트러스 향이 뒤섞이던 그 날에 사실 우리는 우리가 주연인 로맨스 영화를 찍고 있던 걸지도 모르겠다고 아마도 이 장면은 오래 회자될 거라는 생각에 나는 다시 너를 끌어안았고

어떤 종말

우리가 우리를 버리기로 했어
이십 리터 종량제에 너와 내가 차례로 들어갈까 하다
이미 자라버린 우리는 일 미터가 훌쩍 넘으니 그만두었어

고지서 뭉치는 일 센티도 안 되면서 이렇게나 무거워,
불 꺼진 네 눈동자에 무어라 맞장구를 치려다
그저 모던과 앤틱 사이에서 늙어가는 조명등을 켰지

밀려오는 밤바람에 조명등은 시계추 되어
허공에 선을 긋고
네 얼굴은 그 빛을 따라
눈썹달이 되었다가 반달이 되고
반달이 되었다가 보름달이 되기를 거듭해

삐걱이는 나무 침대 위 우리는 중력처럼 끌어안고
이미 죽어버린 사람들의 활자를 입말을 숨결을 따라하지
읽을 때면 꼭 살아 있는 것 같아,
어딘가 움푹 패인 낯으로 너는 이렇게 말을 해

이렇고 그렇게 살아내는 한 우리는
이해할 수 없는 배열의 계산기를 두드리며
뼛조각처럼 부스러진 원두의 체액을 들이키고
전부도 아닌 것들의 일부라도 지켜내려 전부를 걸겠지만

그럼에도 이곳에는 끝나지 않는 밤이 있어
계좌 잔고를 닮은 영원이 있어
이런 농담에 기꺼이 웃어내는 우리가 있어

웃음은 기도처럼 창공을 뻗어가고
목을 꺾어 바라보니 머리 위로 빛이 날아든다
저 별 무리가 희망인지 혹은 종말인지는 모르겠어
그래도 같이 맞을까
어쩐지 그래도 좋을 것 같아

시차

길게 늘어진 구름은 움직이지 않고
새카만 어둠으로 뒤덮인 하늘

새는 없지만 새소리는 들리고
꽃내음이 연신 풍기지만 꽃들은 보이지 않는

오롯이 홀로 남겨진 세계

너는 종종 말했지
―시간이 멈춘 순간들을 좋아한다고

너는 대뜸 시멘트 바닥에 누워 말했지
―때로는 느려진 마음이 아름다운 마음이라고

이곳은 당신의 세계인가요
이곳은 내가 만든 세계인가요

시간이 흐르기 시작하면 어둠이 걷히고
산들바람에 흔들리는 버드나무 아래

내 옆에 누워있는 귀신을 생각하며
까닭 모를 애정과 슬픔을 연달아 삼키며
그리고 나는 계속 죽었다가 살아나며

너와 나 사이 이어지지 않는 시간을 상상한다

소꿉놀이를 그만두는 연습

떠난 일들은 미련 없이 갖다 버리기
누구에게 안겨본 적 없는 털 뭉치가 꽤 사람 같아서

사랑과 잔소리의 총량은 같다는 법칙
그러니 손톱을 깨물거나 자책하지 말기

여름이 머물렀던 유리잔
내가 싫어하는 너는 사실 투사의 일종이라는데
다음 중 계절이 해결해 주지 않는 것은

물기를 닦아낸 뒤 나는
무엇이 문제인지 밤마다 골몰했다

너는 사랑을 만져본 적 있니
쓰다듬거나 깨물거나 그런 행위를

 사실 다른 사람의 것은 궁금하지 않았지 우리의 사랑이 중요한 거지 그런데 그걸 도무지 설명할 길이 없어서 너를 바라보면

가본 적 없는 도시의 눈동자
발이 푹푹 빠지는 곳으로 가지 말라고 애원하고 싶었지

이것은 우리가 마주 볼 때의 순간을 조각낸 콜라주
적정거리에서의 감상은 덜 예쁘지만 다툴 일이 없다

네가 생선 뼈를 발라줄 땐
입속의 밥알을 훑으며 마음을 느끼기보단 계산하기

식사가 거의 끝나가면
우리 같이 살자
너, 나, 고양이 볕이 잘 드는 곳에서

거울 속엔 나와 비슷한 표정을 짓는 사람
그날 햇볕에 녹지 않는 모래성을 봤다고 했다

유월의 오리온

네가 태어난 달에는 네가 사랑하는 별자리가 보이지 않아 인간은 가질 수 없는 것을 갈망한다고 그렇게 정반대의 무언가를 기필코 사랑해 버렸어 지나가는 여름에는 나 적도를 기준으로 지구를 반 접어버릴 수 있을까 한순간도 진리가 아니었던 희망 사항을 입에 올리는 건 보이지 않는 천국에 대한 맹신일 뿐이야 그래도 이래야 숨 쉬는 것 같았으니까 잠수한다고 언어를 잃는 건 추상적인 짓이야

그러니까
용서해 줄래?

나는 가끔 여름철 밤하늘에서 파도 소리를 들어 가벼운 걸음 물에 젖은 모래 백사장 위의 손가락 샛노란 머리 혀끝에서 맴도는 시큼한 탄산의 맛 나는 영원히 돌아보지 않는 네 등 뒤에서 너를 부르는 게 습관이 되었으며 허공에서 산산조각 나는 비행기는 어디까지나 종이여서 다행이라는 생각을 하곤 했다

널 아는 내가 날 모르는 너를 사랑하는 맛

불가능을 인지할 때
비로소 빛나는 야광별

이번 여름에는
울지 않을 정도로 짧은 계절이 오려나

여름의 곡선

여름의 밤바람은
이따금 달빛 같아
동그랗고 말랑거리는 감촉을 남기니까

그래서일까
더 여름을 타는 건
남들은 봄이나 가을을 탄다는데

내 머리카락을
손끝으로 헤집는 네게
뻣뻣한 곱슬머리가 뭐가 좋냐고 물었지

너는
그래서 더 좋다고
그 불순종하는 곡선들이 좋다고

손가락들이 구불거리는 머리칼 사이를
마디마디 헤집으며
보이지 않는 지도를 그리면

너는 어떤 낭만을 탐색할까
우리는 어디로 향하는 중일까

달빛을 따라가는 거야
달빛이 스치는 곳마다
바다가 될 테니까

너는 오래된 비밀처럼 말하지
마치 이미 알고 있었던 것처럼
이 여름의 끝에서

우리는 여전히 가는 중이야

밤바람이 속삭이지 않는 곳까지
말해지기를 기다리는 곳까지
한 번도 닿지 못한 곳까지

물먹은 왈츠를 추자

파랑과 초록 사이 회색지대
건조하고 따스한 작은 것들 사이
어떤 하늘의 감정이 내린다

저들 속 알 수 없지만
서로가 겹쳐본
각자의 시선으로,
서로를 마주 보며
서로에 대한 인사
우리를 맞잡고,
물먹은 왈츠를 추자

내 세상은 초록색
네 세상은 어떤 색이겠지
내 세상은 둥글고 평평하진 않고,
네 세상은 각지거나 아니겠지
우리 세상 속에서 물먹은 왈츠를 추자

서로의 악사를 위하여
서로 하늘을 등지고 물먹은 왈츠를 추자

왈츠가 끝날 즘엔 비는 멎었겠지
왈츠가 끝날 즘의 눈은 다르려나
그때까지 기약 없는 왈츠를 추자

더 경쾌하고 빠른 박자로
혹은 더없이 느린 장송곡으로
굳어가는 왈츠를 추자

왈츠가 끝나고
볕이 들까 달빛 내릴 땐
서로에 대한 인사
우리를 마주 보고,
몇 번이고 되돌아보게 헤어지자

나중에도 지금이 남도록
물먹은 왈츠 춘 우리를 기억하자

흰 기포 10시간

간밤에 창틈 사이로 말간 여름이 찾아왔어
반투명한 커튼 뒤로 차곡히 쌓이는 파란 하늘이
생각할수록 너의 머리칼과 비슷하다는 생각을 했어

넘치는 햇살을 가득 적어
일렁이는 새털구름에 살며시 올려 뒀지
언젠가 불어올 낭만에게 뒤는 맡기기로 했어

간질거리는 탄산수 기포가 머릿속을 헤엄치며
여전히 시야는 보글보글

아른한 네 속눈썹 끝은 예쁜 하얀색
내 여름을 통째로 잡아먹은 하얀 너

신선한 여름

너는 여름을 너무 싫어해서
여름이 좋아하는 걸 찾는다

여름 배경 영화 스틸컷 잔뜩 눈에 담기
나시 입고 선풍기 앞에서 아— 소리내기
장마철에 일부러 장화 신고 예쁜 우산 쓰고 나가기

그러면 여름이 좋아지냐고 내가 물었을 때
여름들이 신선해지려면 이렇게라도 해야 된다고 말했다

그런데
신선한 여름날,
조금 억지 아니야?
사계절 내내 방긋 웃으려는 제철 과일
평평한 땅에서도 몸을 꼬는 외래종 식물

우리가 걷던 여름밤 산책길에는 개구리가 울었다
개구리는 한 마리가 울기 시작하면
우르르 따라 운다

공원을 계속 돌아도 개구리가 울지 않던
이슬비가 내리는 날
너는 나를 끌어서 연못으로 갔고
우리는 쪼그려 앉아서

개굴
개굴

어떤 개구리도 답을 하지 않았지
개구리는 생각보다 더 개구리처럼 울어

사랑하면 어디까지 해줄 수 있어?

너의 사랑에 나는
연못을 보며

개ㅡ굴

개구리들이 울기 시작하고
동네 사람들도 옹기종기 모여 앉았지

저것 봐, 앉아 있는 사람은 생각보다 크기가 작아
우리만 그런 게 아니야

그 말을 하던 너의 눈동자를
여름이 여러 번 찾아오고 나서야
이해할 수 있을 것 같다

여름을 어떻게든 좋아하려는 너는
내게 습관으로 남았고

습관처럼 여름을 기다린다
괜찮을 거라고 생각하면서

낭만, 나만

햇살 아래 몇 명의 몫인지 모를 발자국은
마치 세상에서 가장 아름다운 노래의 선율로 기억의 강을 따라 흐르고 우주에서도 그 물결은 요동칠 것이며 사랑이란 고백은 외로우면서도 너는 나의 눈을 보면 사랑의 색을 볼 수 있다고 했지 우리는 그리 자주도 영원에 관한 이야기를 나누었으니 너는 그 단어를 떠올리면 나를 기억하게 될 거야

그 기억의 값도, 영원이니까, 빚을 지었다고 생각 말고 나를 자주 떠올려주렴

사람에게 행복을 줄 수 있는 사람이 얼마나 대단한 능력을 갖추고 있는지 알고 있니
그건 누군가를 살리기도 하는 일이니까 말이야 내가 땀이 많음에도 불구하고 여름을 좋아하는 이유는 네가 그 능력으로 작년 한여름 속 나를 살렸기 때문일까 사람은 한순간의 기억으로 평생을 살아가기도 한다는데 어쩌면 사실인가 봐

방 안의 여름은 기억을 미화시키기도 하니까

 어쩌면 너는 방 속 수박 조각과 맞이하는 선선한 여름과도 같은 사람일까 네가 없이 응시하는 허공은 나에게 이름이 없어 아직 너의 세상은 어떤 이름인지 듣지 못했구나 네가 마시고 뱉은 숨이 없는, 걸러지지 않은 날것의 오늘 이 세상의 공기는 너무 더웠어

 나는 여름이 좋은 것이 아닌 네가 뱉어낸 숨을 삼키는 여름이 좋은 거구나

파란 버튼

어떤 기억은 특별히 해상도가 높다
마치 선명한 운명 같아

사이좋게 한 쪽씩 빗물에 젖어가는 두 어깨
낡은 창으로 스며드는 새벽빛에 덮인 잠든 얼굴
오늘은 과연 열지 않는 오므라이스 집이 열었을까
몇 번이고 두근거리며 차오르는 눈동자

가장 순수한 행복이
가장 가혹한 나날에 살풋 끼어있는 걸 떠올리면
귀엽고 기특하지 않니
뜨거운 여름 하늘 한입 베어 문 캔디바처럼
한 방울 물감에도 물은 온통 파아랗게 물들잖아

한 시간은 삼천육백만 화소
희고 맑은 웃음에 사실 삼원색의 기쁨이 담겨있다는 걸 알고 있니?

빨강은 내가 가질게
초록은 네가 가져
난 초록색을 좋아하거든 그리고 너도,

그럼 파랑은?

미래의 우리에게 건네주자

모두가 변질되는 세상에서
오래도록 빛바래지 않을 기억을
언제든 함께 현실에서 벗어날 수 있게

—*절대 그 파란 버튼을 누르지 마!*

위협적으로 외치는 목소리가 정장을 입었다든지 완장을 찼다든지 값비싼 구두를 신고 있다든지
그런 건 그다지 중요하지 않다
어차피 버튼을 쥐고 있는 건 그들이 아니니까

우리 그 오므라이스 집 또 갈 거지?
오늘은 정말로 열었을지도 몰라

파란 눈동자를 나는 거절할 생각이 조금도 없기에
손에 쥔 낭만을 꾹, 눌러 탈출한다
손등 위로 너의 손이 웃음소리와 함께 덧놓인다

하트 프랙쳐

대삼각형을 보고 걸으며 문득 우리가 진짜 사랑을 했다면 어땠을까 싶어
너랑 내가 나눴던 멍청한 이야기들이 우리가 하면 영겁의 약속이 되는 것들을 말야

예를 들면 쿠키를 구워 나눠 주고 책을 읽고 문장을 적고 생일에는 꼭 편지를 쓰는 일 좋아하는 노래는 셰어 플레이 마음에 드는 구간은 반복 재생

그 순간마다 서로 마음을 깨물고

잇자국 위에 반창고를 붙여 줄게 부러진 뼈 위에는 거품이 보글보글 말없이도 부풀어 오르는 마음들처럼 꾹 눌러 보면 뭔가 조금씩 움직이는 것 같아 그건 사랑인지 이물질인지 영영 모를 것들이야

네 마음속에는 별이 있다며 돌아가면서 너를 쿡쿡 찌른다며 나는 그걸 한 번도 본 적 없는데

오늘은 정말 그 별을 꺼내고 싶어졌어

안 하던 짓을 하려니까 별이 닳는 것 같은 느낌이 들어?

그래서 난 꾸준히 사랑을 찾아야 해
그래서 가끔은 사랑과 우정을 혼동해도 그게 아주 나쁜 일은 아닐 것 같아

오늘의 반창고에는 내 눈을 넣어 붙였어
네가 웃을 때마다 내 눈이 감겨
너는 몰랐겠지만

僕たちはそれをロマンと呼んだので*

죽어가는 행성에 대한 감상평도
얼마든지 이야깃거리가 될 수 있음을 믿어
우리는 대게 그런 것을 낭만이라 불렀으므로

오래된 나무 아래
지금껏 본 것 중 최악의 일을 묻는다

가장 연약한 나뭇가지에 새끼손가락을 슬쩍 엮으면
한 번이라도 닿은 것엔 연이 있다며

스물을 한참 웃돌게 곱씹어도 힘없이 쓰러지는 마음이
어딘가 두 발 딛고 설 곳이 있다면

나는 평생 너를 좋아할 줄 알았어
나는 평생 어릴 줄 알았고
우리가 평생 같이 생일을 맞이할 줄 알았어

있지, 나는
아무 일도 없이 사라지고 싶었어

의심치 않던 땅이 문득 지겹다고 느꼈을 때
태양의 이면에 뛰어들고 싶었을 때
浪漫,
흩어지는 물결을
기어코 손으로 잡고 싶었을 때

영수증의 잉크는 언젠가 지워지고
사랑하던 이름은 언젠가 잊혀지고
돌아오지 않을 것을 우리는
저항 없이 사랑하고

시계탑 아래 새겨진 靑春*의 청사진을
大阪, 蛇頭*를 앞에 두고 불리던 이름을
이국의 언어를 어렴풋이 해석해서
일부러 발음한 사랑의 대체어를

각색하였다고 적고
단 한 글자도 거짓이지 않았다

* 우리는 그것을 낭만이라고 불렀으므로
* 청춘
* 뱀의 머리

그냥 주고 싶었어

너는 유독 초록이 좋다고 했다

네 말을 듣고 나서야 무수한 초록을 인지했다 매번 간단한 마음 하나를 설명하기 위해 수많은 길을 되돌아 걸어야 했고 발바닥이 부르터야 잠들 수 있었다 산책에 중독된 사람처럼

나조차도 내가 버거운데
너는 그런 내가 번거롭지 않다고 말한다

튀어나온 퍼즐 조각을 잘라내어 모아둔 보물 상자
기울어진 채로 고백한 편지의 형상
축축한 모래알 속 켜켜이 숨겨둔 못난이 진주알
우리가 태어나기 전에 죽은 선교사가 살았던 교회에서
네가 찾은 이십일 세기 네잎클로버

어떻게 너와의 순간은 언어가 되면 죄다 낭만을 닮는지

우리가 만나면 늘 사방에서 초록이 쏟아졌고
뜬금없는 골목길로 빠졌다

눈을 감고 고르는 카드처럼
그렇게 지나친 꽃집에서
네가 내게 건넸던

꽃 한 송이
말 한 마디

집으로 가는 기차 안에서
다 구겨진 포장지를 억지로 펼쳐도
흐려지지 않는 자국

꽃잎은 분홍인데 어떻게 향기가 초록이지

아무리 검색해도 나오지 않는 꽃말
꽃 이름은 아는데 꽃말은 알 수 없다

이미 시들기 시작한 꽃
집에 도착할 즈음 목이 꺾이겠지만

사실 꽃말 같은 건 몰라도 돼

네가 준 꽃말과 내가 받은 꽃말은
늘 다르기 마련이니까

너의 것은 잘 모르겠어
내가 눈치가 없어서
대신 내 것을 알려줄게

너는 기억할지 모르겠지만
그게 내가 받은 꽃말이 됐어

영원한 동그라미를 엮는 마음으로

너의 손톱 밑에선 언제나
설익은 어설픔이 흘러
뚝뚝 떨어지는 수박의 혈흔

그 안에는 순진한
은밀함이 알알이 박혀 있지

손금을 맞추어 볼까
슬픈 구멍을 달래 줄 필요는 없단다

그날 우리가 나눠 마신 것은
막 다다른 골목길
비 온 날의 바지 밑단
얼떨결의 단추
아마도 조금의 두려움
그리고 영영하는 무언가

그다음 네가 알려준 건
난 영원히 그곳에
머물러야 한다는 사실

그러면 너는 어느 틈의 모래를 주워 담아
내 심장 가득히 채워 넣지

우리는 우리가 된 걸까?
아무렴 어때

여전히 내 눈썹 사이에선
모래 알갱이가 넘실거리고
심장은 원이 되어 굴러가는 걸

한쪽 눈 감고 널 쓰는 날들
시선은 영원히 찔러야 해
때로 풀지 않아도 될 문제는
꼭 껴안아 버리는 아이의
동그라미로

그래
난 안약의 맛은 잊은 지 오래고,
망막으로 스미는 해의 재채기

낭만이란 이 모든 걸
그대로 끌어안는 것

낭만하다

낭만은 후기가 없어

찾아줄래

사람들은
기뻐도 하고 슬퍼도 하고
느낄 수 있는 모든 것들을 하는데
심지어 사랑도 하는데

낭만은 어째서 있다고 할까
실제로 본 사람은 아무도 없는데

낭만은 어떻게 하는 거야?

나는 나중에 내가 죽을 때
낭만 속에 살았다고 말할 거야
모두들 그래
지나간 날들을 떠올리며 그땐 참 낭만 있었다고

시간이 흐르면 낭만도 흘러
다들 낭만을 해 본 거야

살아있는 거지 사는 걸 한다고 하지 않으니까

내 무릎을 베고 책을 읽던 네가
쏟아지는 햇살에
얼굴 위로 책을 덮고 숨을 들이켠다

창문 밖에서 넘어오는 바람과
푸른 향기에 섞인 살 내음이 맡아진다

살짝 고개를 내민 머리칼을 쓸어 넘기는
손길에
시간이 멈춘 듯 고요하다

낭만 속에서 죽은 것 같다

(열기구처럼 몸이 둥둥 떠오른다)

아니야 여름은 끝나지 않았어

살아있어

하마터면 낭만을 놓칠 뻔했잖아

만약 그럼에도 떠올랐다면
우리는 낭만을 처음 본 사람이 되는 걸까

우리 낭만을 하자

낭만의 첫 번째 후기를 남기자

시시한 세계의 심장에서

택시 보닛엔 목련잎의 부패가 진행됐다
탄생과 괴사가 동시에 일어나는 생물의 진화였다

만약 핵전쟁이 나면 폭발 중심으로 필사적으로 뛸 거야
왜?
그래야 안 아프잖아

길에서 태어난 쓰레기를 해부해 보면
괴물이 자라나고 있다 (나는 그걸 사랑이라 불렀다)
인간을 닮은 괴물
너도 말을 하려나, 되도록 말은 하지 말아(줘)
말은 쉽게 오염되니까 다른 걸로 흔적을 남기렴

이 주 전부터 오이에 곰팡이가 폈다
물컹해 물렁거려서 이상해
먹으려고 했는데 철없던 다짐은 일찌감치 끝났다
부글부글 잉태했던 잔여물들이 기어이 멸종했다

저 아이들은 시시한 세계를 먼저 떠나는구나
생명이 없어 다정했고, 힘들었겠구나

하는 그런 것들이 떠오르면
네가 좋아했던 플레이리스트를 재생했다

육체는 떨어져 있어도 우리, 같은 노래를 듣겠구나 하며
호기롭게 나섰던 산책길은 쉽게 지루해졌다
여기는 아무것도 없어
그 흔하던 사람도 없고 노래방은 십오 분은 걸어가야 있어

네가 바라던 곳이 여기 있는데

임대했던 애정의 계약 기간은 끝나가고
임박한 종말은 무너짐과 폭발과 붕괴 속에서
셔터를 눌렀다 찰칵
찰칵

가을의 코스모스와 우주의 순결을 내어주었던 날
옥상 난간에 숨겨두었던 일말의 구애는 아직 거기 있으려나

우리 같이 뛰자
종말의 중심으로
시시한 세계의 심장으로

탐험가의 직업병

우리의 낭만이라는 것은 거창하지 않아서 수시로 찾아오고 수시로 찾아내는 것 예컨대 떨어지는 나뭇잎 아래에서 커피를 마시는 일 우연히 마주친 노을의 사진을 찍는 일 나보다 앞장선 그림자의 사진을 찍는 일 이제는 기성품이 되어버린 행운을 삼천 원에 사는 일 그것들을 모아보며 웃는 일

현재의 낭만이라는 것은 너무나 거창해서 우리는 우리만의 낭만을 만들었고 그 낭만은 우리의 세계를 구축하기에 충분했지 우리는 어디에서도 찾아보지 못한 것들보다 어디에서나 보이는 것들을 낭만이라 이름 붙이기를 좋아했으니 온 세상이 낭만으로 보였고 우리는 낭만지상주의자가 되어버렸고

삭막한 세상에서 낭만을 찾는 일이 쉬워진다면
우리는 마치 낭만을 찾아 헤매는 탐험대처럼 가는 곳마다 어떤 낭만이 기다리고 있는지 기대하며 떠들었고 처음 맛보는 커피에도 처음 보는 고양이에게도 낭만의 이름표를 붙여주곤 했지 우리는 낭만을 개척하는 사람들처럼 우리는 마치 콜롬버스를 흉내 내는 것과 같았어

온 세상이 낭만으로 가득 찬 다음에는

눈을 돌리면 전부 낭만으로 가득 찬 세상이 된 뒤에는 어떻게 하지? 우리는 조난당한 사람들처럼 떠들었지만 가득한 낭만 사이에도 이름 붙일 낭만은 남아있을 거라는 너의 말조차도 낭만이라는 이름을 붙여주고 싶은 것은 탐험가의 직업병

손끝 로망

키스할 때
뼈를 잊어버린다는 거
움켜잡고 있으면서
뒤꿈치와 목덜미가 만났다
여기서 만날 줄 몰랐는데,

이별하면서 몸을 두고 왔다
구조적으로 내일의 어깨는 오늘의 것보다 닳아 있어야만 한다

눈을 맞추는 건
보이지 않는 시간을
거꾸로 읽기 위함이래
향수,
싫었는데 냄새가 선명히 보이기 시작하면서
알지 못하던 모양을 가만히 들여다보기 시작했지

소나기 쏟아지던 날, 자전거 뒷자리에서 허리를 꽉 붙들었다
사람과 사람을 이어 붙이는 법을 알게 되어서

짙게 어지럽히는 여름 냄새
뼈 사이에서 자라나던 이끼 한 움큼
키가 자랐을 때는 그만큼의 거리를 표시해 두어야 한다
그래야만 다음 여름도, 한 뼘만큼 호흡하며
습하게 남은 자국의 개수를 기록할 수 있을 것이므로

정류장 아래서 비를 피했는데
우리에겐 작은 몸만이 남았다
버릴 수도 없고 챙겨갈 수도 없는

빗소리
땅에 닿길 다섯 번,
만족하지 못할 만큼

손끝은 손이 시작되는 지점이었어

자전거를 세워둔 곳에 지문을 남기고 온다
버릴 수도 없고 챙겨갈 수도 없으니까
젖어버린 여름의 시간이 이어진다

시계 반대 방향으로

다시 돌아와서

사람과 사람은 옆자리에 앉음으로써 이어진다 피부의 여백 위에 닳아 사라진 모양을 그리면서 페달을 밟는다 거꾸로 그린 화살표가 뼈처럼 오래 묻혀 있을 줄로만 알았다

손끝에서

반세기 다음,

친밀함의 흔적으로

움푹 파인 부분을……

푸른 바다 문진

아주 독한 감기가
우리 시간만 방해하는 것 같아

오늘 달이 가득 찼는데
레몬만 얇게 썰려 나왔어

그래도
너 시집만 읽잖아
필요한 선물인지 모르겠어

노란 물고기가 일곱 마리
젖으면 죽는 별이 하나

고양이 한 마리
잡혀 온 고등어 한 마리

작은 종이 상자 안에
가득 담긴 푸른 바다 문진

아냐
이것 좀 봐
이번 겨울 되게 이상해
추운데 바다가 얼지도 않아

물속에서 눈도 못 뜨는데
작은 글자 위에는 파도가 생겼어

사랑이란 글자가 물들어
이제는 보라색이야

이왕이면 아프지 말구
너는 뭐가 그리 부끄러운지

이 말에도 물결이 있어
깊이 빠져 죽어도 괜찮아

모르는 나라의 언어로
방법도 모르는 사랑만

처음 써보는 만년필을 잡고
나는 종일 끄적이고 있잖아

걷지 못하는 목소리도 들려
우리 조금만 더 보글보글할까

내가 그리도 바라던
햇빛을 많이 머금은 계절

네가 웃는 모습에
분명 아플 것 같은데
어떻게 하면 좋지

이 무모한 사랑을
아이보리 청춘을

갑자기 내린 눈에 우산을 들어야 하나요

아무것도 입지 않은 손으로 나가
머리 위에서 흩날리는 차가운 마음들을 그러모아
톡톡 두들겨 볼까요

길가에는 웃는 사람이 있고
우는 사람이 있고
눈사람이 있고

길바닥에 덜렁 마음 한자락 흘린 채
비척거리며 신호 대기 등을 따라 걷고
앙상한 나뭇가지 핀 흰 꽃

털 미처 못 채운 새 저리 날아오고
검붉은 다리에 닿기만 하는
길거리의 솜 길바닥의 솜

눈이 올까요 내리는 잠결 사이에
내 목소린 네게만 들리고
따뜻한 결정에 투과된 다정 한 줌
뜨개바늘 삼아

길바닥에 흘려진 마음 한 자락 모아
흰 꽃 핀 마음에
갑자기 떨어지는 눈을 따라
당신의 머리 위로

갑자기 내린 눈에
우산을 들어야 하나요

13월엔 초를 불어라

걷는 우리 발치엔 늘 빛나는 것이 있어
한반짝두반짝세반짝
본 적도 없는 단어를 쓰듯 걷다 보면
거리에선 새 책의 종이 향이 나고

그림자를 합쳐보면
어떤 그림자는 더 짙어지고
어떤 그림자는 그저 겹쳐지네
세기의 발견이라도 한 듯 우린 눈이 커졌지

걸을 때 너는 어딜 보고 있니?
나는 물었고

나는 너를 보고
나는 슬픔 너머를 보고
나는 나의 모든 내일을 보고
나는 나의 오랜 기다림을 보지
그 애는 말했다

영원을 약속하는 것은
수만 개의 계절을 동시에 살아내는 일

그치만
계절은 점점 더 뒤죽박죽이고
우리 생일은 언젠가 13월이 될 거야
시간의 바깥에서 초를 불면
영원도 이루어질 거야

새벽의 그림자를 덮은 너는
눈동자만이 슬픔처럼 빛나고
뒤집어진 세계에 우리만 가만히 누워있었다

이제 내 모든 눈물은 너의 앞에서만 흐를 것
다시 말하자면
내가 가진 유일한 반짝임도 전부 너의 것

꿈속에서아주오랜약속을했어

깨어서도잊히지않는꿈은
영원에가깝다고
그애는말했다

기한 실조

피어오르는 모든 것엔 기한이 있어
급하게 다정한 건 버릇이 되고,

내 달력은 마음만 쫓기던 중에

조용한 사람이 부서질 듯 웃으며
달력을 들고 와

시간을 선물하고 싶다는 고백을 했다

이제 내 달력은 천천히 사랑을 음미하겠지

밤에는 함께 이불 속에 몸을 숨기고,

추운 날엔 서로의 커피에 시럽을 챙기며

여름처럼 녹아내리는

그렇게 사랑에는 시간이 가장 여려지도록

II

굳이

오십 보 거리를 백 보에 걸어

알맹이 대신 번지르르한 껍데기를 입에 넣고

몰라도 되고 어쩌면 모르는 게 나았을 것들을

알고 보고 듣고 느끼고 맛본 뒤

머리와 심장의 비좁은 공간에 구겨 넣고

한참을 속도 없이 웃어 젖히다가

가랑이가 찢어져도 뱁새는 행복했을 거라는

그 사실 하나를 믿어 의심치 않는 것

이방인

오늘도 어디든 나가야겠다는 생각과 안녕하신 세상

레몬즙 섞인 커피, 옷가지 널브러진 방구석, 아파트의 화단, 카톡 하며 짓는 미소, 담배와 이어폰, 책가방 등딱지 츄리닝, 벤치 세입자 할머니들, 편의점 이모의 넉살, 이상한 안도감

여행엘 가면 싸우고 입 맞추는 흔해 빠진 커플들이 왜 멜로 영화의 주인공 같은지
그들이 보는 우리도 그럴까 하고 상상해 보는 일

파리 지하철에도 고약한 냄새가 풍긴다고 하던데
캐리어를 끌면서 어떤 하루를 보냈나요 묻는 표정을 지어보는 일

주머니를 뒤지면 파리에 가지 않아도 현실은 고약하고 그 누가 나에게 물었을지도 모르는 일

이방인의 눈은 아름답고 낭만은 나를 기다렸을지도 모른다

아침에는 부스스한 너를 깨우고 나는 어디서나 글을 쓰는 일
 오후에는 글을 보여주고 말하지 않아도 고개를 끄덕이는 일

 한 방향으로 뜨고 지는 해의 속살거림
 시와 챗지피티 사이를 오가는 간격은 전 세계 어디서나 똑같을 텐데

찾았다! 낭만

우리의 낭만은 어디로 갔을까?

난 알아
부서지는 이슬과 흘러내리는 안개 속
구석에 잠시 숨겨뒀던 낭만이 떨고 있는 걸 알지

지겹도록 반복되는 시간의 흐름 사이
색을 잃은 흑백의 도시, 그 좁은 골목에는
홀로 반짝이며 빛을 내는 사랑이
뒤척이고 있다는 걸 알지

그런데 지금 우리의 낭만은 어디에 있어?

가로등 위에서 춤을 추고
어항 속에서 자유롭던
이것 봐 너 빼고 다 이상하게 쳐다보잖아
아, 이런 이야기를 하려던 건 아니였는데

네 손에서 빛나고 너만이 볼 수 있던
시선 끝에 걸린 눈부심, 아니면 작은 초라함이었을까?

어쩌면 한 줌에 사라질 환상을 찾아
헤맸던 걸지도 모르지
내게 낭만은 그런거야

난 다시 잃어버린 낭만을 찾아
조각난 호흡들을 쓸어 담고
너에게 불어넣어야지

그제야 비로소 눈을 뜨는 나의 사랑과
다시 세상을 찬란하게 비추는 나의 태양과
멈췄던 시간을 흐르게 하는 너의 존재가 내 곁에

그래, 비로소 여기에 있어

다시는 없을거라 생각했던
우리의 낭만이 바로 이곳에 있어
드디어

찾았다! 낭만

받아, 바다야

시장에서 싸게 팔길래 바다를 사 왔어
너 주려고 산 건데
바다 냄새 흠뻑 묻은 소라야 받아

먼 백 년 후에 박물학자들이
네가 바다에 살았겠다고
추론할 수 있게

어릴 때 미래 도시 그리라고 하면
남들 다 날아다니는 자동차 그릴 때
혼자 수중도시 그리던 너였잖아
아직 유독 몽땅해진 파랑 크레파스를
가지고 있니

바다에 집을 짓고 살 거라며
윤슬처럼 반짝이던 꿈을
속삭이는 파도를 꾹꾹
담았어
받아
너 주려고 산 거야

이거 잘 부서지지도 않는대
먼 훗날 발견하고도 남을 만큼

네온

장사를 하지 않는데도 자리를 지키던 술집이 있었어
우리는 그곳의 정체에 대해 자주 토론했고
국정원 비밀기지 마약 공장 귀신의 집 등
여러 말이 나왔으나
우리 둘 중 누구도 비밀에 가까이 가지는 못했지
비밀은 희고 어슴푸레한 빛 같은 것

가끔 네온사인에 불이 들어올 때면
사람의 그림자가 일렁이는 것을 봤어
비록 문은 절대로 열리는 일이 없었지만
불투명한 창문을 통해 훔쳐볼 수 있었어
그림자가 두 개, 네 개로 늘어났다가
다시 하나로 스며드는 것을 지켜보았지

사람이 아니었을까, 우리는 술에 취할 때마다
가게의 검은 철문에 정중하게 노크를 했으나
늘 텅 빈 침묵만이 메아리처럼 되돌아왔지
그러다 우리가 어리지 않게 되었을 때
우리가 완전히 분리되었을 때
혼자 술에 취해 걷다가 가게의 문이 열린 것을 봤어

놀라지 않을 수 없었지
그 철문은 입구라기보다 검은 벽 같았으니

사장은 내게 반갑게 인사를 했어
손님을 기억해요,
인종과 성별을 구분하기 힘든 사장이
위스키를 한 잔 내밀며 말을 걸었고
그가 나를 기억하고 있다는 말을 듣자
아주 잘 설계된 함정에 빠진 것 같았어

비밀은 훼손된 순간부터 비밀이 아니었고
흩어졌다 스며드는 그림자의 정체는 뭐였을까
어디서부터 돌이켜야 할지 알 수 없었어

아무에게나 그립다고 말하고 싶었으나
그렇게 말하면 안 될 것 같았어

불가항력

너와는 가던 곳을 계속 가는 일이 좋았어
우리의 세계에 덧칠하는 일 지워지지 않을 것처럼
결국 찢어버리면 한순간에 그만이라는 걸 알고 있었지만

해가 거듭되어도 같은 달 같은 날 같은 도시의 같은 카페에 가서 같은 노래를 듣고 같은 책을 읽으며 되새기고 곱씹고 조금은 다른 일을 하지만 결국엔 같은 결말 끝을 품고서도 예정된 일을 하는 것 그럼에도 불구하고 그렇게 하고야 마는 것 할 수밖에 없어서 하는 수 없이 말이야

더 이상 바다는 보러 가지 않고 저무는 해에도 관심이 식었지만
다시 간 그곳엔 곁에 너를 두지 않고도 여전히 우리가 가득하고
찢어진 종이들은 한 장도 버리질 못했다고
진해지는 흉터마저 여전히 내게는 낭만이니

멸종위기종 보고서

안녕 너는 이 시대의 마지막 낭만주의자

 닿지 않을 편지를 쓰고 있어 셀로판지처럼 어여쁜 싸구려 사탕 포장지를 모으는 것이 너의 숙명 구겨져도 좋아 구겨질수록 더 예쁜 것들이 있어 부치지 못한 편지처럼 영수증을 꼬깃꼬깃 접어 모으는 습관 잉크가 하얗게 휘발되어도 차마 버리지 못하는 마음 합성 착향료 같은 감정이 자취 없이 휘발된 뒤에도 차마 버리지 못하고 품고 살아야만 하는 천성 이 시대 모든 유실물들의 종착지 네가 멸종되고 나면 모두들 너를 해부하려 하겠지만 너무 많은 것들을 품고 살아 딱딱하게 굳어진 심장 너는 다정으로 심장을 절여 통조림으로 만들겠지 그건 세상에서 가장 달콤한 화석이 될 거야 어쩌면 가장 무른 표본이 되겠지 너의 멸종 원인은 네가 될 거야 행성 충돌도 유전적 질환도 생태계 교란도 아닌 너무 많은 다정이 시시각각 너의 목을 조르고 심장을 딱딱하게 만들고 그래도 웃겠지 구겨진 셀로판지처럼 허물어지는 휘핑크림처럼

안녕 함께 무너지지 못해 미안해

스노볼 햄토리

둥그런 어항에서는
물고기를 키우면 안 된대
빛이 왜곡돼서 눈이 멀어버린대

그 말을 들은 뒤로부터
어떤 구체 안의 세상이
걱정되기 시작했다

깨지지 않아도 위험한 투명 속에서
영원히 살아가는 소동물을 생각하면

심장이
뛰는 게 아니라
타는 것 같아 모닥불처럼

미안

함께하는 미래에 대해
얘기하기로 했는데

흩날리고 사라지는

그런 것들이 먼저 떠오르네

모두가 정해진 심박수를 갖고 태어난다는 말
그 말을 들은 뒤로부터 마음이 눈덩이 같아

내 겨울은 왜 항상 조급할까
꼭 봄에 멎기로 약속한 심장처럼

하늘에서 내리는 서정을 맞으며
뜯어진 패딩 주머니 사이로 손을 넣으니
이런 곳에 비단털쥐를 키우고 싶어졌다

강아지가 마신 하늘

카페 앞 물그릇엔 누군가 투명한 안부를 띄워두었지
네 혀끝에서 하늘은 찰랑이고

엄지로 네 귀퉁이에 작고 붉은 점 하나를 그려본다
무엇이든 봄이라 부를 수 있게

얇은 구름 한 줄만 그어진 하늘
네 뭉실한 윤곽 위로
낮게 몸을 눕혀 나른한 오후의 모양을 빚고

숨이 무릎께로 내려오는 날엔
햇빛이 너를 따라다니는 건지
네가 햇빛을 데리고 다니는 건지
그 경계를 모른 채
네 옆에 앉아 세상의 크기를 네 등만큼 줄여본다

언어가 미처 닿지 못한 수면 위로
네 콧김이 낱말 하나를 길어 올리고 나면

이마를 짚어 나는 이름을 붙이고

그 이름에서 너는
여린 싹만큼의 봄을 찾아내는 동안

우리는 조금 덜 슬퍼졌고

너와 나 사이에 놓인 낭만은
젖지도 마르지도 않은 채 어른대고 있어

노란 오후의 소파

공기로 만들어진 소파가 있던 자리

소파가 기운 방향대로 기우뚱 앉아 있으면
꺾인 고개를 따라 갸우뚱
궁금하지 않던 일도 궁금해지곤 했는데

이제 내게 남은 건 생각밖에 없는 것 같아

소파가 꺼진 자리만큼
새어 나온 기억들이 떠다니는 방 안

그렇게 한쪽으로 기울다가 엎어질지도 몰라

네가 부풀려놓은 소파를 등에 업고 거북이처럼
엉금엉금 기어다니는 상상

빈 바닥에 누워
이상한 날씨와 몽롱한 기분에 잠겨가는

폭염 경보가 울리는 9월

두 사람이 앉기에 충분한
몸을 약간 구부린다면 한 명은 누울 수도 있는 그런
꿈에만 있는 소파라면

노란색이면 좋겠다
일요일 오후
광폭한 빛 속에 놓여 사랑을 나누는 우리를 숨겨줄 수 있는

우리를 향해 열려있는 창문
낮은 음조로 이어지는 피아노 소리
그다음에……

여기서부터는 혼자 가야 해 뒤돌아 빠르게 멀어져야 해 뒷모습만으로 대답할 수 있어야 해 그럴 수 없어도 그러기로 해

…… 끊길 듯 끊기지 않는 불규칙한 피아노 소리 위로
박동치는 드럼 소리

그렇게 울리는 심장을 꺼낸다면
갓 씻은 자두의 얼굴일 것 같다

기억은
물에 젖은 자두의 표면처럼 윤이 나고 적당히 새콤하고
적당히 달콤해
점점 부풀어 오르는 목구멍은 모른 척하기로 한다

1

월례 행사

원래 가던 길을 두고
저 멀리 돌아 케이크를 손에 들고
이달의 색을 담은 초를 하나 골라

산뜻한 마음으로
경건하게
의식을 치른다

환한 촛불 앞에선 눈을 꼭 감게 돼
캄캄한 어둠 속에서
이보다 더 환한 미래를 그리려고

오늘 생일 같아
그럼 생일이지
태어나지만 않았을 뿐

아니 그 반대인가
생일은 아닌데

계속 계속 태어난다

똑같은 소원과 함께

내뱉지 않아서
그 말들은 내 안에서
무럭무럭
끝도 없이 자라

꽃 피우지 않아도
열매가 맺히지 않아도
자라기만 해도 괜찮아

그냥 존재하는 거
그게 네 역할이야

지금 그대로 멈춰 있어도 된다는 말이야

천 원어치의 물을 줬고
그 물이 나를 삼십 일은 거뜬히 살게 한다

축하해

축하할 일은 없었다
아무 날도 아니었다

어떤 날이 되었다

머물렀던 그리운 것들

오래된 전구를 단 마음
유리병은 갈 수 없는 나의 방을 닮았다
나선 속에서 소용돌이치는 빛
유리는 불타는 장신구를 삼키고
빛이 나는 척 새벽의 당당한 열기
그러나 그건 마음도 마찬가지

덜 여문 청춘은 방향을 신경 쓰지 말라지만
바람의 방향을 찾는 나침반은 침이 없다
설익은 마음에 낯익은 얼굴이 떠오르길 바라는 삶
선반에 쌓아두기만 한 마음은 철을 넘기지 못하고
그럴싸한 아련함으로 귀결된다

곱씹을수록 단맛이 나는 추억은
냉장한 만큼만 꺼내 먹어야 한다
꽁꽁 얼린 마음은 해동 시 물이 생길 수 있으니
감정을 증발시킨 뒤에 비로소 낭만을 뿌려야 한다

햇볕에 그을린 물가에서 울 줄 아는 것
비눗방울 잔재를 한참 바라볼 줄 아는 것

사라진 것이 사라질 만큼 사라지고 여전히 남은 것만 남은 장소는
나열한 만큼 점점 알 수 없어지는 단어의 정의와도 같다
헷갈린다 너무 싸구려로 살아가는 게 아닐지

우린 당장 없는 것을 그리워하고 찾는 습성이 있으므로
비가 올 날을 대비해 햇살을 쟁여두고
처음으로 통기타를 배우던 날 같은 건
오래된 전구 옆에 세워두고
얼릴지 태울지 고민한다

무뎌진 열기 앞에서 그림자는 일어나지 못했다
나는 그림자 위에 반듯이 눕고
내가 그림자가 되는 꿈을 꿨다

나의 낭만은 빛바랜 충만함
보관 중인 분위기 한 토막

사람답게 사는 법

가본적 없는 땅을 밟는 것

고개를 들어 하늘을 보는 것

굴곡진 산을 오르고 내리는 것

흐르는 물속에 몸을 던지는 것

가끔 지름길을 피해 돌아가는 것

빗소리를 들으며 생각에 잠기는 것

다정한 햇빛에 몸을 말리는 것

시간을 사진 속에 붙잡아 두는 것

제철 음식을 먹으며 정취를 느끼는 것

쓰다듬고 애정을 주며 무언가를 키워내는 것

날씨를 핑계 삼아 음악과 시를 찾는 것

어느 날 문득 안부를 묻는 것

진심을 한 줌씩 나눠 가지는 것

입을 맞추고 심장을 맞대어 안는 것

눈을 뭉쳐 그리운 사람을 만들어 보는 것

그냥 이유 없이 남을 돕는 것

구태여 할 필요 없는 일들을 해야

사람은 사람답게 산다

빨강의 기원

저녁 해가 가로등에 담길 때면, 깜빡이는 눈으로 오후의 정물에 초점을 맞춰본다
밑그림 없이 여백 속에 채색된 사람은, 누군가를 위해 기꺼이 울어줄 여유가 사라진 채
자주 체한 하루들을 넘겨간다

기억 속 청춘은, 명암 없이 애틋하게 떠오르던 빨강으로 묘사되고
짙어져 가는 채도 속에서 오래된 그림에도 고개를 숙이지 않던 그 순간
목젖에 남아버린 말들이 삼켜지지 않고, 건조하게 남은 그 과거는 어디쯤 그려야 할까

붓 자국이 선명한 나의 과거가 말라가고, 미완성된 그림의 모퉁이를 적셔가는 오늘의 단문
뜨거운 체온을 가진 색에 녹아도 봤었지
불완전한 내일과 미래가 물통 속에서 뒤섞이고, 어둠으로 물들던 새벽에 그린 크로키들이 조금씩 입을 열고 있다

우리는 얼마나 뜨겁고도 낭만적이었나

한껏 추상을 기울인 문장을 종이로부터 멀리 밀쳐내며, 낭만을 잃지 않으려 찾아 나섰던 날들

 어둑한 가로등 불빛에 눈을 감을 때마다 모든 애상을 묵념할 수 없듯

 퇴색된 줄 알았던 나의 빨강이, 목젖에서 혀끝으로 다시 물들어가고 있다

메리배드엔딩

영원히
장맛비가 왔다
심해에서도 들리는 소리 있다고
너는 지느러미를 자르며 중얼거렸다

안구가 갉아 먹힌 그린란드 상어는 십 초에 한 번씩만 심장이 뛴대 그렇게 몇 백 년을 산대 숨어서도 죽지 않고 떠다닌대 우리는 얼마나 더 느려질 수 있을까 착하고 맹랑하게 멸망할 수 있을까 차갑고 시퍼런 불행을 뒤집어쓸 수 있을까

물의 표면처럼 무른 날개뼈를 만지며
아주 오래 살고 싶다고 답했다
지구가 곧 잠길 것이라고 하기에
새살에 아가미를 새겨두었다

해파리의 촉수가 톡 쏘아붙이고 간 자리
혓바닥이 아리다
말도 안 된 것들이
잘린 머리카락처럼 떨어진다

욕조 가득 온수를 받으려다 멈춘다
찬물로 손을 뻗는다
대홍수 전 물 밖으로 나온
나의 못된 그린란드 상어를 위하여

좋은 종말이라고 말해줘

이제 나에게는 가라앉을 일만 남았는데
굴절된 말이 수정체를 깨운다

아주 스러졌으나
해와 가장 늦게 만나는 바다는
아무것도 끝나지 않았다고

구원

낭만!
얼어 죽을 낭만….
그날 밤 우리는 보았지
빙글빙글 도는 세계를
벚꽃과 눈이 흩날리는 4월의 마지막

이제야 궤도를 이탈할 때
자전의 박자에 발맞춰
멸망하는 별을 약 올리듯
뱅글뱅글 뱅그르르….

낭만은 원래 이리 어지러운 건가요?
눌러둔 열망이 다 함께 풀려나서 그래
우리는 어린 시간을 훔치는 중이야

환희의 왈츠를 Rubato
지고 있는 별을 보며 소원을 빌 것
종말의 시간이 영원할 것

점점 뜨거워지는 이 구 속에서
건조한 비명 사이
숨 쉬는
얼어 죽을 낭만만이!

드디어

도서 연체 안내

이 책 누가 빌려 읽었을까 생각해 본다
이름 몇 개가 있다면 그걸 다 부르며
물어보고 싶다
혹시 맨 뒷장 읽어보셨어요?
같은 걸 목격한 사람을 찾고 있다
혹시 이 책 읽어보셨어요?
이 이름을 가진 책 말고요 이 책이요
우리는 같은 책을 알아볼 수 있을 거라고
우리만 알아볼 수 있는 딱 한 권이 있다고
혹시 결말을 아나요? 읽었나요? 어떻게요?
지구에 한글 쓰는 사람 몇 명
그중 책 읽으러 도서관에 가는 사람 몇 명
그중 이 동네 이 도서관의 《아가미》 읽은 사람 몇 명
그중 맨 뒷장이 붙어서 펼쳐지지 않는 걸
알아차린 사람 몇 명
그중 빌린 책이라 아무 손도 못 대고
그대로 반납한 사람 몇 명
그중 이 재미난 일을 뒷사람도 겪겠지
상상해 본 사람 몇 명

그런 걸 찾고 있다

찾아서 물어보고 싶다

혹시 필요하지도 않은 걸 좋아하다가

듣는 잔소리를 좋아하세요?

바람 불어도 신경 쓰이지 않는

머리 스타일을 고수하세요?

지대는 높고 지붕은 낮은 동네를 좋아하세요?

연애는 싫고 사랑은 귀하고 그러세요?

사람은 어렵고 가슴은 뛸 때 책을 읽으세요?

동물농장 보면 엉엉 울기도 하세요?

평생 가지 않을 나라의 시차를 계산해 보세요?

연체된 책 반납할 땐 무인 반납함에

두 손으로 넣으세요?

책이 털썩 쓰러지는 소리가 난다

만나서 반가웠습니다

우리는 물고기일까요?

슈팅스타

별을 쏘면 경품을 드립니다.

                                              데네볼라

              아크투루스

                             스피카

                  마르카브

                                   쉬트

          알페라츠

                    알게니브

                                      폴룩스

                                  프로키온

폴라리스

베가

데네브

알타이르

카펠라

알데바란

베텔게우스

리겔

시리우스

경품은 다음과 같습니다:

늘어난 카세트테이프와 고장 난 라디오, 전달되지 못한 병 속의 우표 없는 편지, 상처 많은 장미꽃 한 송이, 잉크가 굳은 만년필, 털 빠진 붓과 꾸깃한 물감, 먼지 쌓인 카메라와 빛바랜 필름들, 음이 맞지 않는 기타, 잃어버린 장난감과 트더진 인형들, 구멍 뚫리고 목이 늘어난 티셔츠들
...

잊혀진 수많은 이름들

파도시집선 020

낭만

초판 1쇄 발행 2025년 6월 21일 하지
　　2쇄 발행 2025년 10월 20일

지 은 이　| 최이현 외 46명
펴 낸 곳　| 파도
편　　 집　| 길보배
등록번호　| 제 2020-000013호
주　　 소　| 서울특별시 서대문구 증가로 17길 38
전자우편　| seeyoursea@naver.com
I S B N　| 979-11-93627-05-1 (03810)

값 10,000원

ⓒ 파도, 2025. Printed in seoul, korea.

* 이 책의 판권은 지은이와 파도에게 있습니다. 양측의 서면 동의 없는 무단 전재 및 복제를 금합니다.
* 맞춤법과 띄어쓰기는 원본에서 기인하였습니다.
* 파도시집선 참여 작가들의 인세는 매년 기부됩니다.
* 뒤표지를 펼쳐 빛 아래 비추어 보세요.